30分でわかる!

できる教師のすごい習慣

Great Habits for a Capable Teacher

山中伸之
Nobuyuki Yamanaka

学陽書房

本書は単行本『できる教師のすごい習慣』を大幅に加筆・修正し、新書化したものです。

◆……はじめに

教師の仕事はとっても忙しいと言われます。

もちろん、教師の仕事が世の中で一番忙しいということではありません。教師よりも忙しい職業は世の中に数え切れません。

しかし、教師の多くが休憩時間も休息時間もなく働き、勤務時間の終了とともに退勤することが悪いことだと思われるほど、当たり前に残業をし、どの学校にも必ず休日に出勤している教師がいることもまた事実です。こういう忙しさが、教師の心身を疲れさせています。

でも、教師が疲れるだけならばまだいいのです。怖いのは教師の疲れが、教師だけの疲れにとどまらないということです。

教師の疲れはそのまま教師の目の前の子どもたちに影響します。教師が元気はつらつならば、子どもたちも元気はつらつになります。反対に、教師が疲れて元気がなければ、子どもたちもまた元気がなくなります。

ですから、教師が仕事の忙しさから解放され、疲れを癒し、心身ともに元気はつらつとして子どもたちの前に立つことは、子どもたちが元気になるためにとても大事なことなのです。

では、そのためにどうしたらいいでしょうか。それは、少しでも教師の仕事を効率化し、教師に時間的なゆとりを作り出すことです。時間的なゆとりは心のゆとりを生み、心のゆとりは健康な身体づくりを大きく後押しするでしょう。

本書には、私が35年間の教師生活を通して身に付けた、仕事をできるだけ効率化するような具体的な実践を盛り込みました。

一つの実践で短縮できる時間はほんのわずかかもしれません。しかし、そのほんのわずかな時間が、一年間、二年間という長い期間積み上げられると、驚くほど長時間になります。

そうなった時、一つひとつの実践は皆さんにとって「すごい習慣」となるでしょう。

仕事を効率化するのは教師が楽をするためではありません。教師が元気になり、その元気で子どもたちを元気にするためです。「すごい習慣」を身に付けて、日本中の子どもたちを元気にしてください。

山中　伸之

もくじ

第1章

時間はこうしてつくりだす

朝は5時前に起きる

早起きをして、家事や出勤の準備の前に30分の時間を確保する。
朝は驚くほど仕事がはかどり、仕事全体の回転が速くなる。

朝の30分を生み出して活用する

もしもあなたが毎日5時30分に起きて、洗濯機を回し、炊飯器のスイッチが入っているかを確かめ、家族の朝食の準備を始めているとしたら……。

明日からは5時前に起きましょう！

5時前に起きれば、家事を始めるまでに30分、よぶんに仕事の時間が取れます。朝は頭がすっきりしているので効率がよく、しかも終了時刻が決まっているので集中力も高まります。寝覚めがよくないならば、ちょっと家事をして体が目覚めた時に時間を取るとよいでしょう。

1日わずか30分などとあなどってはいけません。1日30分でも、土・日を除いた1週間では2時間30分。1か月なら約10時間。1年間これを続ければ、何と100時間以上となります。本も読めるしテストの採点もできます。子どもの日記に赤ペンを入れることも、ちょっとした教材研究も可能です。

睡眠時間の減少が気になるなら、テレビを我慢して床に就く時間を30分早くすればいいのです。就寝前の30分は意外に早められるものです。

通勤時間に所見を練る

通勤時間を利用して通知票の所見の文章を考える。
行きと帰りに数人分ずつ考えれば、約1週間で所見の原案ができあがる。

きっちりとした文章でなくてよい

通勤時間を利用して、通知票の所見にどんな内容を書くかを考えます。朝、家を出る時、夕方、学校を出る時、「これから2人分の所見を考えるぞ」と強く決意します。

文章そのものをきっちりと考えるというわけにはいきません。だいたいこんなことがらを書こうという程度でいいのです。

たとえば「山中君はここのところ、朝のあいさつの声が大きくなってきた。それに表情がいい。朝の読書では豊臣秀吉の本をずっと読んでいたな。社会科の調べ学習も秀吉だったな」という具合です。

数人考えたら、忘れないように頭の中で何度か繰り返します。

学校に着いたら（家に着いたら）、考えていたことを所見下書き一覧表へすぐにメモします。下書き一覧表は必ず作り、机の引き出しに入れてさっと取り出せるようにしておきます。忘れないうちにすぐにメモをすることが肝要です。

通知表所見は個人情報ですので、自宅と学校以外でのメモは控えます。

下校は速やかにさせよ

放課後、いつまでも教室に子どもを残さない。速やかに下校させる。仕事の時間が確保でき、子どもも明るいうちに帰宅できる。

子どもを教室に残さない

帰りの会が終わり、さようならのあいさつが済んだら、すぐに子どもたちを下校させます。

子どもたちの中には、さようならのあいさつが済んでも教室に残って、友だちと話をしたり担任のところへ話をしに来たり、ちょっとした遊びや係活動をしたりする子がいます。その子たちが帰るまで担任は教室を離れることができませんし、成績処理などの仕事をすることもできません。なるべく速やかに子どもたちを下校させることで、時間を生み出し、仕事の効率を上げることができます。

子どもたちを速やかに下校させるには、帰りの会を迅速に行うのはもちろん、

○ランドセルを背負い、荷物を持ってあいさつをする。
○じゃんけんをして勝った子から順に帰る。
○一緒に下駄箱まで行き、そこであいさつをする。

などの方法があります。

集団下校を行っていても、速やかに下校させることで時間が生み出せます。

帰宅時刻を先に設定する

帰宅時刻を先に設定し、仕事をする時間を逆算して考える。
時間が限られるので集中して効率よくできる。

仕事に充てられる時間を意識する

時間がいくらでもあると、なかなか仕事に集中できないものです。

でも、それではせっかくの貴重な時間が効率よく使えず、無駄になります。

そこで、まず始めに帰宅時刻を決めてしまいます。

たとえば、帰宅時刻を午後6時30分にしたとします。職場から自宅まで1時間かかるなら、5時30分には退勤しなければなりません。職員会議が4時30分まであるとすれば、仕事に充てる時間は1時間となります。

こうして仕事の時間を算出したら、その時間にやらなければならない仕事と、やればできる仕事を考えます。

当然、どうしてもやらなければならない仕事を優先させます。仕事にかけられる時間が限られているので、自然と集中して仕事に取り組むことができます。また、どの仕事ならば残りの時間で可能かを考えるために、効率的に仕事ができるようになります。

朝から時間を意識すれば、わずか5分の隙間時間さえ有効活用できます。

わずかでもいいからやる

時には目の前の仕事の多さに途方に暮れることも。
そんな時はほんの少しでもいいからやってみる。すると、世界が変わる。

一つの仕事をやり終える人が、すべての仕事をやり終える

やるべき仕事が多くて、どこからやったらいいか途方に暮れてしまうことがあります。仕事の山を前にして、出るのはため息ばかり。何もする気が起きません。しかし、これは仕事の山を見てしまうからです。仕事全体を見てしまうからその量に圧倒されてしまうのです。

こんな時は、まずどの仕事でもいいから、ほんの少しでもいいからやってみることです。すると、それまで0だった成果が1になります。

これは大きな差です。仕事が片付いた感じがします。

この時、決して、この100倍やらなければならないとか、時間はこの100倍はかかるかもしれないとか、全体量のことを考えてはいけません。たくさんの仕事をこなす極意は、まず「木を見て森を見ず」です。

人間、わずかでも成果があがればうれしいものです。

一つの仕事をやり終えた人だけが、すべての仕事をやり終えることができます。

できないことはあきらめる

できないことが悪いのではない。
できないことを知らない、認めないことが悪い。
できないことを自覚すれば道は開ける。

最大限の努力が常にベストではない

教師の多くは、「自分に与えられた仕事はできる限りやらなければいけない」「できないと言う前に全力を尽くしてみなければならない」と本気で思います。

しかし、人間どんなに努力してもできないものはできません。

できないことでも、最大限努力することは大切です。それを子どもたちに説くことも教師の仕事としては崇高なことです。

でも、現実の生活においては、それが常にベストの選択というわけではありません。全力で取り組んでも中途半端な結果しか得られず、かえって周りに迷惑をかけることがあるからです。努力をしたという満足感は残っても、徒労感がつのり自尊感情が低くなるからです。

自分にはできないことを自覚し、できないことを頼まれたら潔く断ることも、仕事の質を高めるためには必要なことです。

そのかわり、自分にできることにはできる限りの時間と手間をかけ、最高に質のよい仕事をするのです。

第2章

作業効率アップの秘訣

カバン・ハンドルに付箋紙

自分が毎日持ち歩くカバンや運転する自動車のハンドル部分に付箋紙を貼り、メモを書く。嫌でも目に付くので絶対に忘れない。

不自然さを作ると目立つ

自宅にある教材・教具や資料を学校に持って行かなければならない時がありま す。また、子どもたちの登校の様子を見るためや部活動の指導のために、いつもよりも早く出勤しなければならない時があります。

確実に覚えていればいいのですが、出勤してから気付いて後悔することもあるでしょう。メモをしても、その肝心のメモを見ることを忘れてしまったりします。

そんな失敗をなくす有効な方法があります。

嫌でも目に付くところに付箋紙を貼り、そこにメモを書いておくことです。

自家用車で通勤しているならば、ハンドル部分がお勧めです。必ず目にとまります。また、毎日持ち歩くカバンの取っ手の部分も有効です。携帯電話やスマートフォンに貼り付けておくのも非常に目立ちます。

前日だけではなく、数日前から貼っておけば記憶にも残りやすくなります。

早朝に鳴るようにセットした携帯電話のアラームと組み合わせれば万全です。

ＴｏＤｏリストは必ず作る

ＴｏＤｏリストを作ると先が見える。仕事の優先順位もわかる。その結果、時間を効率的に使うことができる。

見える化すると見通しが立つ

何となくたくさんの仕事があって、気が滅入る時があるものです。そんな時は、仕事を「見える化」してみましょう。はっきり見えないと、大変そうに思えるものです。逆にはっきり見えると、先が見えて計画が立ち、すっきりします。

仕事を見える化するとは、具体的には「ＴｏＤｏ（やること）リスト」を作ることです。リストを作ることで、やるべきことがはっきりします。また、リストに書き出そうとすると、意識していなかった仕事に気付くこともあります。

リストは１行に１項目を書きます。先頭に丸囲みの数字を書きます。期限がある場合は期限も書いておきます。

（例）①　10／12　宿泊学習実施計画

●　10／13　~~理科のテスト分析~~

終わったら、丸囲みの数字を塗りつぶし、打ち消し線を書いておきます。これで、やるべき仕事と終わった仕事とが一目でわかります。仕事が増えたら追加していきます。

たまった仕事はまず分ける

たまった仕事は「すぐやる」「なるべく早くやる」「後でやる」の三つに分ける。
分けると先が見え、やる気が出てくる。

分けることも仕事のうち

仕事がたくさんたまってうんざりしている時には、途方に暮れていないで、とにかくまず一つの仕事に取りかかることが、早く仕事を片付けるコツです。この時、できればすぐにやるべき仕事から取りかかれれば、効率的に仕事をこなすことができます。

そこで、たまった仕事を三つに分けてみます。「すぐにやらなければならない仕事」「早めにやったほうがいい仕事」「後でやればいい仕事」の三つです。

分けるといっても、仕事の書類を机の上で3か所に分けて置いていくだけです。トランプを配るような要領です。

どんな仕事をしなければならないのか確かめながら分けていきますから、分け終わった時には、すぐにやらなければならない仕事の概要がだいたい頭に入っています。すると、先が見えてきます。先が見えるとやる気が出てきます。

「すぐにやらなければならない仕事」のうち、迷わず一番上の一つを取り上げて処理を始めます。始まると意外に片付いていくものです。

仕事は単純作業から始める

仕事に取りかかるのが億劫な時は、まず単純作業から始めてみる。取りかかりまでの時間が節約でき、そのうち調子も出てくる。

単純作業がやる気を生む

疲れている時、嫌なことがあった時など、なかなか仕事に取りかかれないものです。やらなければならないと思ってはいても、頭が働かずよい案も出ず、まさに「下手の考え休むに似たり」状態です。

こんな時は、頭をあまり使わなくて済む単純作業から始めてみましょう。

たとえば、出席簿に児童の氏名印を押したり、計算プリントや漢字練習プリントを印刷したり、たまっていた書類を整理したり……。

こうすることで、仕事を始めたくても始める気になれずにだらだらしている時間を極力少なくすることができます。単純作業でもいつかはやらなければなりませんから、時間を効率的に使うことになります。

また、どんな仕事でも、一つの仕事が終わるというのは気分のいいものです。一つの仕事を終えたという満足感と達成感が気分を高揚させ、脳の働きを活発にします。

すると、頭を使う面倒な仕事でもやる気になってきます。

二つの仕事を同時にこなす

ある仕事をしていてアイデアが出なくて困ったら、
中断して別の仕事をしてみる。この切り替えが意外な発想をもたらす。

仕事を別角度から見るチャンス

アイデアが思いつかなかったり、集中力が続かなかったりして、仕事がはかどらないことがあると思います。また、こうなると仕事の効率も悪く、いたずらに時間が過ぎていってしまいます。

こんな時には、思い切ってその仕事をやめて、別の仕事に取りかかってみましょう。たとえば、学校参観日の授業のアイデアが出なくて困ったら、それをいったんやめて、学級なわとび大会に使う賞状を作ってみるという具合です。

別の仕事をすることにはいろいろな利点があります。

まず、新鮮な気持ちで仕事に向かうことができます。これが仕事への集中力を生みます。それから、別の角度から物事を見ることになり、最初の仕事のアイデアが浮かんでくることがあります。さらに、いたずらに過ぎていく時間を有効に活用することができます。

切り替えた仕事がある程度区切りがついたところで、最初の仕事にもどります。すると、また新鮮な気持ちで取り組むことができます。

考えてないで手《て》練《だ》れに聞く

近くにその分野の先人がいたり、その道の専門家がいたら、迷わず教えてもらう。
時間も節約できて仕事も覚えられる。

お互いに得意分野で貢献し合う

処理の仕方がよくわからずにあれこれと考えたり、不得意なことを試行錯誤しながらやったりすることがあります。仕事を覚えるためには、どうしても通らなければならない道でもあります。しかし、その仕事が自分にとって意味のある仕事ならばいいのですが、自分がこれから打ち込みたい分野とは、まったくの畑違いだということもあるでしょう。

そういう仕事をしなければならない時には、自分であれこれと考えず、その道の専門家に教えてもらったり、またはお願いしてやってもらったりすることも、考え方の一つとしてもっているとよいと思います。その代わり、助けてもらってできた時間を使って、自分の得意分野でその方のお役に立てることをするのです。

教師は自分で何でもやってしまいがちですが、そればかりでは組織はうまく機能しません。これはほかの人に仕事を依頼する練習にもなって一挙両得です。

ただし、どんな仕事も経験という財産になります。自分のためと考えて、どんな仕事にも積極的に取り組むことは、決して悪いことではありません。

昇降口にも自分の靴を

児童用の昇降口の空いている靴箱に、自分の運動靴を1足入れておくと、ちょっと外に出たい時に大変便利である。

サンダルや長靴もあると便利

休み時間に限らず、勤務中に校舎から出る機会は意外に多いものです。理科の時間に植物を観察したり、算数の時間に50メートルを実地に測ってみたり……。その都度、職員玄関まで行って靴を履き替えるのは、時間の無駄でもあります。

そこで、児童用の昇降口の空いている靴箱に、自分の運動靴を1足入れておきます。これがあれば、職員玄関までもどる必要もありませんし、子どもたちと同じ経路で校舎外に出ることができて便利です。緊急の場合にも役立ちます。

もしも靴箱にゆとりがあれば、運動靴のほかに、サンダル（ちょっと外に出たい時に）や長靴（雨の日や農作業用に）も準備しておきたいところです。

また、反対に外からちょっとだけ校舎内に入りたい時のために、スリッパを用意しておくのも便利です。

スリッパは、子どもに届け物をしに来た保護者や、上履きを忘れた子どものためにも役に立ちます。

事務はなるべく教室で

放課後の職員室は意外に騒がしい場所。可能な事務仕事は教室で行うようにすると、1人静かな場所で集中してできる。

頭を使う仕事は静かな場所で

放課後の職員室にはたくさんの教員がいます。それぞれの教員がそれぞれの仕事をしています。たとえば、明日の授業の打ち合わせをしている学年、今度の行事の計画を立てている学年、クラスの子どもの指導について悩みを話している教員、社会見学のエピソードを談笑している教員など、実にさまざまです。

その他にも、パソコンのキーを叩く音、扉を開け閉めする音、教材として使う音楽、印刷機の稼働音、電話の話し声など、たくさんの音があふれています。

こんな中では、1人でアイデアをまとめたり文章を練ったりする仕事の効率は悪くなるばかりです。1人で仕事をするなら、迷わず教室に行きましょう。学級でも図書室でも理科室でもかまいません。静かなところで集中して仕事に取り組むことができます。

その場合、学年の先生には教室で仕事をすることを知らせておきます。また、退勤時刻10分前には、一度職員室にもどり、関係の先生と授業の進度や明日の予定の確認をします。コミュニケーションをとることは大事です。

文具類の使用頻度は3段階

文房具は、「よく使う・時々使う・たまに使う」の3段階に分けて収納しておくと、必要なものがすぐに取り出せて便利。

手間と時間の節約

教員の仕事は、文房具とは切っても切れない仕事です。勢い、たくさんの文房具をそろえてしまいます。

あまりに数が多くなりすぎて、何でもそろっていて便利な反面、必要な文房具をさがす手間がかかることがあります。この手間と時間を少なくしたいものです。

そこで、それぞれの文房具を使用頻度に従って「毎日のようによく使う」「時々使う」「たまに使う」の3段階に分けて保管します。

具体的には、「よく使う」文房具は机上の見えるところに置きます。「たまに使う」文房具は机の袖の一番上の引き出しのペンケースとその周辺に、「たまに使う」文房具は同じ引き出しの中央から奥に入れておきます。この引き出しには文房具だけを入れることにして、その他の物は入れません。

こうすることで、目的の文房具を素早く見つけることができるとともに、整理もできて補充もしやすくなります。

提出物はかごで集める

子どもが提出するプリント類はかごに入れて集めるようにする。散乱せず、机上も整理され、保管や持ち運びにも便利。

A4サイズのかごが重宝する

その日の宿題は、朝のうちに教卓などに提出するよう決めているクラスも多いと思います。日によっては提出するものが何種類もあることがあります。提出物がいつもきちんとそろっていればいいのですが、なかなかそうはいきません。低学年では特に散乱しがちです。

そこで、提出物はかごで集めるようにします。かごを提出物の数に応じて、教卓や教師用の机の上に複数個用意しておき、そこに入れさせるようにするのです。かごの大きさはA4サイズが最適です。A4サイズ以下の提出物はそのまま入れ、大きい提出物は半分に折るか、かごから少し出るように入れさせます。深いかごにはノートを立てて入れることもできますので、準備しておくと便利です。

慣れてきたら「連絡帳は男女別に開いて出す。ただし、保護者の連絡が書いてあるものは閉じて出す」などと条件をつけると、さらに効率がよくなります。

授業中のテストやプリント類は、出席番号の1番・11番・21番・31番の子の席で、10人ずつ集めると素早く集まります。

終わった子から採点する

テストは終わった子から持って来させ、その場で採点して返す。採点の時間が短縮でき、その場での採点が学力も高める。

子どもが見ているところで採点する

テストはだいたい一斉に始めますが、終了の時刻には個人差があります。この個人差を上手に活用し、早く終わった子から採点をしてしまいます。

まず、早く終わった子には見直しをするように声を掛けます。見直しが終わったら、1人ずつ教師のところにテストを持って来るように言います。そして、テストを持って来た子の目の前で採点をします。採点が終わったら、その場でテストを返します。この時、教師の前にいる子は1人だけと決めておきます。採点が終わって席にもどったら、次の子がテストを持ってくるようにします。

席にもどった子は、残りの時間、間違いを直したり読書をしたりします。テストは最後に番号順に集めます。テストが入っていた袋に順に入れれば点数も見られません。

これでクラスの半数の子の採点は終えることができます。また、目の前で採点されるので、子どもは自分の誤りがすぐにわかり、学力が向上します。ただし、採点を希望しない子に無理強いすることは絶対にしてはなりません。

テスト後の休み時間に即採点

テストが終わったら、その後の休み時間に採点を始める。
その場で即座に始める。後でやろうと思うと意外にできない。

短時間に集中して採点する

テストは実施後、なるべく早く子どもに返すのがよいと言われます。子ども自身が間違いに気付き、理解を深めたり正したりできるからです。

テストの採点は、放課後に行うことが多いと思います。でも、教員の仕事は放課後にもたくさんありますから、採点の時間が取れないこともよくあります。そうなると、採点できないまま、あっという間に数日が過ぎてしまいます。早く返したほうがいいと思いながらも、なかなか返すことができなくなってしまいます。

テストを早く返すコツは、放課後を待たずに、テストを行った後の休み時間にすぐに採点を行うことです。こうすることで、他の仕事を入れずに採点を行うことができます。

休み時間は短いのですが、テストが早く終わった子の採点は、授業中すでに済んでいますから、クラス全員分の採点をすることも可能です。それに時間が限られていると思うと、より集中して行うことができます。

その結果、思ったよりも短時間で採点ができます。

素早い採点のコツ

採点は、一部分の答えを覚えてその部分だけを採点するとともに、テストを1枚ごとにめくらずに行うことで素早くできる。

テストはめくらずに落とす

テストの採点をわずかですが早くするための方法です。

まずテスト1枚を全て1度に採点せず、覚えられる程度の模範解答を覚えて、その部分だけを採点します。いちいち模範解答を見ないで済みますから、大変高速に採点ができます。

ただしその都度テストをめくっていると、めくる回数分だけ時間のロスになります。そこで、テストをめくらず素早く採点できる方法を紹介します。

〈素早い採点の仕方〉

①テストの束を少しずつ（0・5ミリくらい）ずらし、左側を洗濯ばさみで留める。

②洗濯ばさみではさんだ反対側を持ち、一番下のテストから、右側半分だけ採点。

③1枚の採点が終わったら、指を加減して次の1枚を下に落とす。これを続ける。

④右側半分の採点が終わったら、上下をひっくり返し、①〜③と同様に行う。
（上下が逆さまになるが、慣れるとほとんど気にならずに採点できる）

テストの集計は表計算で

テストの集計は表計算ソフトを使って行う。計算も速いし計算間違いもない。

グラフ化して学級の傾向を見ることもできる。

便利だが、情報の取り扱いは厳重に

テストの点数の合計や平均を出すのに、表計算ソフトを使っている方も多いと思います。もしもまだ、電卓や暗算で合計や平均を出している方がいるようでしたら、ぜひ、表計算ソフトを使ってみることをお勧めします。

何と言っても、点数を入力したとたんに計算結果を表示してくれます。計算の間違いは通常の四則計算ならば絶対にありません。学級の傾向をグラフ化して学級懇談会の資料とすることもできます。

使い方に慣れてきたら、テストの点数を帳簿に書き写す手間を省いて、直接表計算ソフトに入力してしまうことをお勧めします。エクセルならば、入力した数字を読み上げる機能がありますので、上手に用いれば入力ミスを防ぐことができます。関数を覚えれば、自分好みの使いやすい集計表を作ることもでき、さらに便利さが増します。

ただし、情報の取り扱いには十分な配慮が必要です。ファイルには必ずパスワードを設定し、校内のサーバーから持ち出さないようにします。

デジタルデータをもらう

文書や資料を参考にもらう時には、紙と同時にデジタルデータももらうようにする。加工が自在で保管にも便利。

校内サーバーを活用する

新しい校務分掌についた時には、最初は仕事の段取りも内容もよくわからないものです。当然、前任者にいろいろと教えてもらいますし、前任者が作成した文書を参考にしたり、場合によってはそのまま使い回しさせていただくこともあるでしょう。

この時、文書をコピーさせてもらうと同時に、そのデジタルデータも一緒にもらうよう心がけると、その後の仕事が大変やりやすくなります。

デジタルデータは何といっても加工が簡単です。昨年度と変わった部分だけを変更して使うことができます。文書を最初から作り直したり、もう1度打ち直したりするよりもはるかに効率的です。

近年は、校内のサーバーに校務分掌や教職員ごとにフォルダを作成して、そこに作成したデータを保存するようにしている学校も多いと思います。一声かけて、可能ならばデータを利用させていただきましょう。

使わせていただいたら、御礼や使用感を忘れずに伝えることも大切です。

過去の文書は極力生かす

過去に自分が作成した文書や前任者が作成した文書、ファイルに綴じ込んである数年前の文書はなるべく生かす。

完璧主義は封印する

教員には完璧主義者が多い（？）からか、新しい校務分掌になったら、必要書類は自分で一から作らないと気が済まないという人がいます。しかし、これは大きな時間のロスです。なぜなら、どの校務分掌も、必要な書類はだいたい毎年決まっているからです。毎年ほぼ同じ文書を作るのであれば、文書類は過去のものを生かしたほうが、時間も手間もかからず効率的にできます。

そのためには、「自分がこの文書を作ったんだ」という達成感を味わうのは我慢します。また、「自分だったらこうは作らないのだが」という好みの優先順位も低くします。これは手を抜いた仕事をするというのとは違います。大きな問題がなければ、生かせるものはそのまま生かし、できた空き時間をより重要な仕事に向けるための方策です。

自分の校務分掌の昨年と一昨年の文書ファイルは、自分の机上か引き出しに保管し、いつでも見られるようにしておきます。これで効率が飛躍的にアップします。この場合、ファイルを保管していることは同僚にも必ず伝えておきます。

手書きプリントは雛型も残す

手書きのプリントを作る時は、まず共通部分だけを作る。
それをコピーして個別の部分を記入する。

学習効果の高い手書きプリント

手書きのプリントは味わいがあり、パソコン全盛の今日ではかえってよく目立ちます。柔らかな文字や線が自在に書けるので、教師のオリジナリティが出しやすく、子どもが注目する、学習効果の高いワークシートとなります。

しかし、手書きプリントは一部分を変えて似たようなものを何種類も作ったり、データを保存しておいたりすることが難しく、若干の不便さを感じます。この不便さを軽減し、手書きプリントの良さを生かすために、次のことを行います。

まず、手書きプリントのうちの共通の部分、題名や枠や吹き出しや共通の指示の部分だけを作ります。この時点で、このプリントにはこれ以上の手を加えず、保管しておきます。そして、このプリントをコピーしたものに、個別の部分を書き加えていきます。こうすることで、失敗してもやり直しがきき、同種類のプリントを量産することが可能となります。

また、手書きのプリントはスキャナで読み取って、デジタルデータとして保存しておくと、両者の良さを生かしたプリントを作成することができます。

打ち合わせメモは大きく書く

職員打ち合わせでの子どもたちへの伝達事項は、Ａ４サイズの反古紙《ほごし》にマジックで書く。そのまま教室に掲示できて便利。

メモと掲示を同時に

出勤直後や退勤直前に、職員打ち合わせの時間をとる学校がほとんどだと思います。この時に、子どもたちへの伝達事項が多く出されます。たとえば、「今日は図書室で会議があるので、静かに歩くように伝えてください」などです。伝達事項は通常、教師がメモして教室へ行き、子どもたちに話したり黒板に書いたりします。

どうせ黒板に書くのですから、メモをそのまま貼り付けるようにすれば、時間も手間も省けてとても便利です。

そこで、打ち合わせの時の子どもたちへの伝達事項は、その場でA4サイズの反古紙の裏に、マジックで大きめな文字でメモします。これを教室に持っていき、そのまま黒板に磁石で貼り付けます。

貼り付ける場所をいつも決めておき、画用紙でかっこいい枠を作っておくと、さらに効果的です。ここには必ず伝達事項を貼っておくことにしておけば、子どもたちの注目度もアップし、不意の連絡にも大いに力を発揮します。

印刷物はまとめて印刷する

印刷物は先を見越して早めに作成し、1度にまとめて印刷する。
早朝ならば印刷機も空いていて、気兼ねなく印刷できる。

忙しい時こそ、早めの印刷

印刷物の原稿は、1週間程度を見越して早めに作成しておき、それらを一気に印刷してしまうととても効率的です。

まず、間際になって慌てて作成して不十分なプリントになってしまったり、結局間に合わなかったりすることがありません。

さらに、印刷をしようと思った時間にほかの人が印刷機を使っていて、なかなか印刷ができずに焦ったり、授業の開始に遅れてしまったりすることもありません。

また、原稿を1枚仕上げてはその都度印刷をするよりも、まとめて印刷するほうが短時間で終えることができます。

特に学級の印刷物が増える傾向にある、学期始めや学期末、学年末には、この方法が大変効果的です。

印刷機が最も空いている時間帯は早朝か夜です。どちらかの時間に都合がつけば、その時間にどんどん印刷をしましょう。

学級別プリント入れを設置

印刷室に、学級ごとの印刷物を入れる棚や引き出しを設置しておくと、印刷にも保管にも配布にも便利。学校全体の効率アップに。

印刷物の有無が一目でわかる

プリントを全児童分印刷することがあります。これを学級の在籍数ずつに分けて、学級担任の先生の机上に置いていきます。

単学級ならばそれほどの手間ではありません。しかし、学級数が増えてくるとかなりの時間がかかります。印刷にも時間がかかりますし、学級担任の机上に置いていくのにも時間がかかります。何学級分も印刷していると、どこまで印刷したのかを忘れることもあります。

これを一気に解決する方法が、学級別のプリント入れを印刷室に設置することです。印刷室でなくても、職員室でもかまいませんし、廊下でもかまいません。棚か引き出しに学級表示と在籍数を貼って置いておきます。1学級分のプリントを印刷したら、そこにどんどん入れていきます。これなら、どこまで印刷したか一目でわかります。また、机上に配る手間もかかりません。学級担任も、この引き出しにプリント類がすべて入っているので確認にも持ち出しにも便利です。

プリント以外にも、学級の児童への連絡や配布物も入れられて重宝します。

第3章

差のつく研究・研修のワザ!

通勤時間は自己研修の時間

通勤時間は自己研修の時間と割り切って読書をする。
CD文庫の講演記録もお勧め。

読書や耳からの学習時間に

電車やバスで通勤しているなら、その時間を自己研修の時間と割り切って読書をします。自己研修の時間と割り切ることで、読む本の内容が決まります。たとえば、これから入る単元の実践記録や授業記録、教科教育や教育一般についての専門書、自分の教養を高める本、などです。こういう本を選んで読むようにします。

自家用車で通勤している場合は、読書をするというわけにはいきません。お勧めはカセット文庫やCD文庫です。各地の図書館には必ずそのコーナーがありますから、大いに利用します。書籍に限らず、講演録なども聞くようにします。

また、ネットで探したり購入したりした音声のデジタルデータをスマートフォンに保存し、車内で聞くのもよいでしょう。

聞く際は、同じものを何度か繰り返し聞くことをお勧めします。何度も聞くと、それまで聞き飛ばしていたことに気付いたり、大事な部分が自然と記憶できたりします。もちろん、電車やバスで通勤している場合にもお勧めです。

通勤時間に教材研究をする

通勤時間に研究授業などの教材研究をするのは意外に効果的。授業のシミュレーションもイメージ豊かにできる。

授業の流れを頭の中で繰り返す

研究授業の前や新しい単元に入る時などは、通勤時間に教材研究や授業のシミュレーションをするのがお勧めです。

もちろん、関係の資料を調べたり、ワークシートを作成したりすることはできません。できることは、導入にはどのような話題を持ってくるかとか、中心の発問をどうしようとか、つまずいている子がいたらどう助言しようかということです。

また、具体的な授業場面を思い描いて、想像の中で授業を進めてみることもできます。いわゆるシミュレーションですが、これを何度も繰り返すことで授業のイメージが固まってきて、実際の授業の時に慌てなくて済みます。

これらの作業を電車やバスに揺られながら、また自動車を運転しながら行うと、不思議と豊かな発想がわいてきます。振動が脳を適度に刺激するからでしょうか。次々と変わる風景が発想を刺激するからでしょうか。どうしても記録に残しておきたい場合のために、メモ帳やボイスレコーダーは身近に準備しておきます。

インターネットを活用する

ネット上にある数多くの指導案やワークシートを積極的に見る。作成の参考にもなるし、新しい発想も得られる。

ネット上の実践例を1時間見る

研究授業をしたり、新しいワークシートを作ったりする際に、まず最初にすることはたくさんの先例に当たることです。

一から作り上げることも価値のあることではありますが、教師の仕事で重視すべきは、オリジナリティのあるものを開発することではありません。子どもを教育するという点で、最も効果的な実践をすることです。ですから、自分が考えようが他人の考えであろうが、最も効果のある実践をすることがまず大切です。

ネット上には大量の実践例があります。自分で授業を一から考えたり、ワークシートを一から作り上げたりする前に、1時間でいいからネット上の実践例を見ることです。そこには多様な実践があり、何らかのインスピレーションをもたらしてくれます。

最初の発想さえつかめれば、それを元に、自分の教材観や授業スタイル、子どもたちの実態などを勘案して、授業を組み立てていくことができます。ただし、単なる「猿まね」にならないようにすることも大事なことです。

返事・お礼状は真っ先に！

手紙や電子メールの返事やお礼状をすぐに出すと、相手の方に好感を持たれ、信用度がアップする。それが次の仕事につながる。

はがきはまとめて買っておく

訪問先を辞して最初の郵便ポストにお礼状を投函する、スーパーセールスマンの話を読んだことがあります。自分を相手に強く印象づけるためには大変有効です。同時に、仕事のできる人、礼節をわきまえた人という評価も得るでしょう。早く返事を出すと、相手の人は、「それだけ自分のことを気にかけてくれている」と思います。また、返事を早く知りたい場合には大変ありがたく思います。ですから、返事やお礼状はすぐに出すように心がけましょう。それが自分の信用を高め、次の仕事につながっていきます。後で出そうと思っていてうっかり忘れてそのままにしておき、催促されるようでは、信用をなくしてしまいます。

はがきは20枚くらいまとめて買い、自宅と職員室に常備しておきます。メールチェックも1日1回、できれば1日数回は行います。そうして、研究会に参加して意気投合した方からのご挨拶や、わざわざ送ってくださった資料、自分の実践への問い合わせなどに素早く返信します。これを心がけていると、いつの間にかそれが習慣となります。

得意なことは進んで手伝う

自分が得意なことは、たとえ相手の人が困っていなくても進んで手伝う。
すると、自分の時にも喜んで手伝ってもらえるようになる。

手伝うことは気にかけること

自分の得意なことは進んで手伝いましょう。たとえば、書道が得意な人は賞状の名前の揮毫《きごう》を、パソコンが得意な人はエクセルでアンケート集計を、という具合にです。でも、たいていの人は二つの理由でこれを尻込みしてしまいます。

こんなことを手伝うのはおせっかいじゃないか、という消極的な理由と、自分ばかり手伝うのは不公平だ、という打算的な理由です。

しかし、誰でも声をかけてもらうのはうれしいものです。自分のことを気にかけてくれていると思えるからです。

また、自分から先に手伝うからこそ、相手の人も厚意を返してくれます。日頃から手伝いをしていると、自分に不得意な仕事が回ってきた時や、忙しくてにっちもさっちもいかない時に、進んで手伝ってくれる人が出てきます。こんなにありがたいことはありません。

自分の得意なことを進んで手伝うことが、結局は自分の仕事に返ってくるのです。

第4章

学級経営を変えるアイデア

出勤したら即教室へ向かう

出勤したらまず教室に行く。子どもとあいさつを交わして子どもの顔を見て、提出物を点検することで、スムーズに1日が始まる。

あいさつで子どもの変化を見る

出勤したらまず教室に行く、と決めてしまいます。何か特別な用事がない限り、すぐに教室に行くことにします。

教室に行ったらまず、子どもたちの顔を見てあいさつを交わします。子どもたちがまだ登校していないなら、仕事をしながら子どもたちを迎えます。あいさつを交わしながら、いつも元気な声であいさつをする子の声が小さかったり、その逆があったり、などのちょっとした子どもの変化を見ます。

次に欠席の連絡や保護者からの手紙がないか確認します。連絡帳にはその場で返事を書きます。さらに提出物の点検をします。アンケートや申込用紙などには1枚ずつ目を通し、不備がないか確認します。不備があればその場で子どもに聞き、必要ならば家庭に連絡をします。それでもまだ時間があれば、宿題の点検をしたり、教室内の環境整備に目を配ります。

朝、これだけのことをしてしまえば、ゆとりをもって1日を始めることができます。また始業前なので、ゆったりと子どもに向き合うこともできます。

プリントに番号を書かせる

子どもにプリントを配ったら、右上にすぐに自分の出席番号を書かせる。これで紛失が激減する。

持ち主探しは意外に大変

学校生活で意外に煩わしいのが、落とし物の処理です。最近の子どもは自分の持ち物に無頓着になっていて、落としたことにさえ気が付きません。

落とし物が鉛筆や消しゴムならば、持ち主が見つからなくてもそれほど困ることはありません。しかし、保護者向けに配付したプリント類となるとそうはいきません。それらは、確実に保護者に渡ることを想定しているからです。

ですから、配付したプリントが床に1枚落ちていたとしたら、そのプリントを落としたのが誰かを確かめる必要が出てきます。

聞いてすぐに落とし主がわかればいいのですが、わからない場合は全員に確認しなければなりません。この時間と労力は意外に大変です。

そこで、プリント類を配付したら、まず、右上に自分の出席番号を書かせます。必ず書かせます。隣同士で確認させたりして、習慣となるまで書かせます。

これでプリントが落ちていても誰のものなのかがすぐにわかります。

忘れ物は自己申告させる

忘れ物は必ず自己申告させる。連絡帳に忘れたものを朱書させ、それを見せながら言わせる。これが意識付けとなる。

決まり文句を覚えさせることも大事

いかに忘れ物を少なくするかは教師の永遠のテーマといってもいいと思います。近年は特に忘れ物をする子が増えてきました。

忘れ物対策とマナーの指導を兼ねて、忘れ物をした時には、連絡帳に、その日付と忘れた物を赤ペンで書かせ、口頭できちんと忘れたことを報告させます。

報告の内容は、忘れた物、忘れた理由、今日はどうするか、いつ持ってくるか、です。決まり文句になりがちですが、一つの報告の仕方として身に付けさせるのも大切なことです。

たとえば教科書を忘れたとすると、子どもは連絡帳に「○月○日　国語の教科書」と書いて、それを見せながら「国語の教科書を忘れました。今朝、あわてて用意したからだと思います。今日は隣の人に見せてもらいます。明日は必ず持ってきます」と言います。そして持ってきたら必ず見せに来させます。

これで忘れ物が激減することはありませんが、家に帰って連絡帳を見た時に朱書に気付きますから、連日の忘れ物は減っていきます。

大事なプリントは黒板に

大事なプリントや子どもに提出を意識させたいプリントは、黒板に磁石で貼り付けておくと、いつでも目に付いて便利。

クリップ一体型の磁石が便利

来週の授業参観の連絡とか、国語辞典の購入申込書とか、今週中が提出期限の社会科新聞とか、しばらく保管しておきたいプリント類は黒板に磁石で貼り付けておきます。

こうしておけば、どこかにしまい込んで探すのに苦労したり、紛失してしまったりすることがありません。また、いつでも目に付くところに貼ってありますので、折に触れて子どもたちに呼びかけることもできますし、子どもたちも毎日見ているので忘れることが少なくなります。

貼り付けるには、クリップと磁石が一体となっているもの（クリップ磁石）が大変便利です。クリップは強力なもののほうが、学級全員のプリントを難なくはさむことができて重宝します。デザインにこだわらなければ１００円ショップで安価に入手できます。

ただし、前面の黒板にいろいろべたべたと貼るのは、子どもたちの集中力を乱すことにつながります。本当に大事なプリントだけにすることも大事です。

デジカメで記録せよ

授業終了時の板書や、子どものノート、図工の時間に作った作品など、デジカメで撮影しておくと記録にも評価にも使える。

スマホやケータイのカメラでも十分

記録はなるべく残したほうがいいとは、誰もが思うでしょう。でも、手間がかかる上に、保存場所も必要だということを考えると、尻込みをしてしまいがちです。しかし、デジタルカメラを使うと、手軽に記録を残すことができます。

まず、板書の記録です。これは授業が終わった時に黒板をデジタルカメラで撮影しておくだけです。簡単な授業記録にもなります。解像度はそれほど高くなくても十分に読めます。

次に子どものノートです。接写モードにするか、離れたところからズームアップして撮影します。後で授業記録をまとめたり評価に使ったりできます。

また、図工の作品を撮影しておくのも、いつでも見られて便利です。粘土や工作はいずれ形がくずれてしまいますので、写真に撮って残しておくといつまでも見られます。メッセージを入れて印刷し、子どもにあげても喜ばれます。

このほかにも、折に触れていろんな場面を撮影しておくといいと思います。最近は携帯電話やスマートフォンのカメラも高性能ですから、十分に活用できます。

ルールは文章と写真で掲示

学級にはいくつかのルールがある。
子どもに浸透するまでは、ルールは文字と画像で提示するのが効果的。

デジカメで撮り、言葉を添える

「次の時間の勉強道具を準備してから休み時間にします」

新学期には、このようなルールを何度も確認することになります。

しかし、言葉というものは送り手と受け手との間で、違う意味に取られていることがあります。また、複数の受け手同士の間でも同様です。その結果、送り手の意図したようにならないことがしばしばあります。

これをなるべく避けるためには、言葉と共に画像を子どもたちに示すことです。画像で示すことで、言葉では伝え切れない多くのことを伝えることができます。

先のように勉強道具を準備するというルールなら、机の上に教科書とノートを広げ、筆記用具を出した状態の写真をデジカメで撮ります。この写真をA４の大きさで印刷し、画面下部に、「休み時間の前に準備」とゴシック体で目立つように書きます。これを黒板や掲示板に貼っておけば、何をすべきか、どのように準備するかが一目瞭然です。

文字と画像でルールを提示すると、伝達内容のぶれが少なくなり効果的です。

自己採点力を採点する

計算ドリルも漢字ドリルも自己採点させる。
自己採点する力も学力。教師は子どもの自己採点力を採点する。

自己採点力が上がれば学力も上がる

子どもがドリルやプリントを正確に自己採点できるようになれば、教師の労力は半減します。また、子どもが正確に自己採点できるようになるということは、相当な学力を身に付けたということの証しにもなります。特に漢字ドリルの自己採点においては、このことが顕著に現れるといってよいでしょう。

そこで、ドリルやプリントはなるべく子どもに自己採点をさせます。

しかし、特に漢字のドリルやプリントの場合、子どもに自己採点を任せると、点画の長短や曲がり、折れの違い、終筆のはねや払い、字形のバランスなどが、的確にチェックされないままになってしまうことがよくあります。

そこで、最初のうちは子どもたちの自己採点が正しくできているかを教師が採点します。

これは、始めのうちは教師が自分で採点するよりも大変です。

しかし、これを続けていくうちに、子どもたちには自己採点力が付いていき、同時に学力も付いていきます。

プリントは多めに印刷する

プリントは子どもの人数よりも多めに印刷し、
教室の専用コーナーに置いておく。急場のプリント学習に活用。

普段のプリントを多めに刷っておく

急な用事ができて休暇を取らなければならない時や、急な出張が入る時があります。時間にゆとりがあれば、自習用のプリントを作ったり、子どもたちに活動内容を事前に説明しておいたりすることができますが、それもできません。

こんな時に、あらかじめ作ってあったプリント類があれば、授業の復習や学力アップのためのドリル学習として、自習時間を有効に使うことができます。

とはいえ、そういうことを想定して普段からそのためのプリントを準備しておくのは、やや面倒なことでもあります。

そこで、通常の授業でプリントを使う時に、クラスの人数の半数分くらい多めに印刷し、余ったプリントを教室の専用コーナーに置いておきます。こうしていくつものプリントを集めておき、いざという時にはこのプリントを自由に使うよう指示しておきます。

改めてプリントを作る必要がなくて便利な上、一度授業で使っているため、子どもたちもやり方がわかっていて、スムーズに取り組むことができます。

自習の作法を指導しておく

どうしても子どもたちだけで自習をしなければならない時のために、
自習の作法を普段から指導しておくと安心。

自習ができるクラスは一目置かれる

出張が重なって職員が手薄な時など、どうしても子どもたちだけで自習をしなければならない時があります。高学年になればなおさらそういう機会が増えます。

こんな時に子どもたちだけで静かに自習ができるようになっていると、特別に指導をする必要もない上に、他の職員からも一目置かれるようになります。

そのためには、日頃から自習の作法を子どもたちに教えておく必要があります。

自習の作法としては、以下のようなことが考えられます。

・必要のない私語は慎むこと

・席を離れて出歩かないこと

・指示された作業内容が終わったら読書をしていること（本を1冊手元に置いておくこと）

・緊急の場合は、両隣の学級の先生に連絡すること

・自習の様子は日直が記録し、後で担任に報告すること

これらを教室に掲示し、日頃から練習をして身に付けておくようにします。

発表の時間は評価の時間

子どもたちが音声言語による発表活動を行う場合は、1人発表するごとに相互評価の時間を設け、その時間に教師も同時に評価する。

観点を決めて素早く評価する

国語や社会科の時間に、子どもたち一人ひとりが、調べたことや考えたことを発表することがあります。

当然、発表内容や発表の仕方、態度を評価することになりますが、後から思い出すのは難しいものです。そこで、その時その場で評価をしてしまいましょう。

まず、子どもたち一人ひとりに評価カードを持たせます。そして、1人が発表するごとに、相互評価の時間を取ります。この相互評価の時間に、教師も子どもたちと一緒に評価をしてしまいます。観点を明確にして素早く評価するよう心がければ、あまり時間をかけずに評価することができます。慣れてくると、発表の最中から、ある程度の評価をすることができるようになりますので、相互評価の時間はそれほど長くなくてもかまいません。

全員の発表が終わってから、子どもたちの相互評価では誰の評価が高かったか、挙手させてみます。挙手の状況と教師の評価とを比較してみると、子どもたちの評価力が育っているかどうかもわかって一石二鳥です。

丸は3種類以上考えておく

子どものノートに大きくつける丸は3種類以上考えておく。
丸をつけるだけでも喜んでくれるので、忙しい時にはとても助かる。

先生オリジナルの丸を作る

ノートやプリントに大きな丸をつける機会はたいへん多いと思います。単純に三重丸をつけるだけでも子どもたちは喜んでくれますが、その丸が何か特徴的なものなら、なおさら喜びます。

子どもたちが喜ぶ丸を何種類か考えておけば、時間がなくて宿題やノートを詳しく見られない時でも、その丸をつけて子どもたちを満足させることができます。

そのような丸の条件がいくつかあります。

まず、簡単に描けることです。時間がかかると、時間のない時に使えるという最大の利点を失ってしまいます。短時間にさっと描けることが大事です。

次に、見ておもしろいものです。おもしろい丸に、子どもたちは大喜びします。つけてもらうだけで満足です。また、おもしろい丸をつけてほしくて、一生懸命頑張ります。

それから、評価として使えるものです。丸を数種類作り、子どもにも評価の違いがわかるような工夫があるということです。

マイキャライラストを持て

自分のキャラクターイラストがあれば、黒板やノートやワークシートに描いたり、メッセージを言わせたりできて効果的。

マイキャラは教師の分身

教師自身の特徴をとらえたキャラクターイラストがあると何かと便利です。考えるのはそれほど難しくはありません。たとえ似ていなくても、使っているうちに定着してきます。キャラクターイラストには次のような使い道があります。

まず、黒板に描いて問題をしゃべらせます。問題のそばにイラストを描き指示棒を描き加えればできあがりです。これがあるだけで板書がぐっと楽しくなり、授業がひきたちます。それから、ワークシートに描いて指示をしゃべらせます。吹き出しを描いて指示内容を書けばできあがりです。学年便りに載せても喜ばれます。紙面が楽しくにぎやかになります。また、子どもたちのノートや宿題にさっと描いて、吹き出しに評価を書いたりコメントを書いたりすることもできます。

キャラクターイラストが定着していれば、イラストは教師の分身だと意識され、吹き出しに書かれた言葉は、単なる文字以上に子どもたちの心をつかみます。

イラストはいつでもさっと描けるように十分練習をしておくと、使い道が増えます。

子どもを頼れ

教師よりも子どものほうが上手なことがある。その時は子どもを頼る。子どもは頼まれれば喜んでやり、自己有用感も持つ。

クラスに一つ「一芸バンク」

小学生も高学年になれば、教師よりも上手にできることの一つや二つは持っています。

書道を習っていて字がうまいとか、そろばんが2段とか、縄跳びで3重跳びができるとか、イラストがうまいとか、人を笑わせるのが得意とか……。

こういう技が役に立つ場面では、子どもたちにどんどん技を見せてもらいましょう。教師が不得意な技を無理して行うのはかなりの労力が必要ですが、得意な子どもたちにお願いすれば、その分の時間を他に使うことができます。頼まれた子どもたちも、先生にお願いされるという「誉れ」を感じることができます。

技を披露した結果、みんなの役に立つことができれば、自分は役に立つ存在なのだという自己有用感も持つことができます。

子どもたちに自分の得意な技を申告してもらい、それらをまとめて一覧表にします。こうした「一芸バンク」を作っておくと、いろいろな場面で多くの子にお願いができるようになります。

行き詰まったら歩く

アイデアが浮かばず仕事に詰まったら、中断して歩く。
歩くと気分転換になると同時に血流が良くなり、新しい発想が生まれる。

足は第二の心臓

学校課題研究の計画を立てたり、全く新しい企画案を練っていたり、通知表の所見を書いていたりする時、アイデアが出なくなり筆が進まなくなることがあります。いたずらに時間ばかりが過ぎて焦ってきます。

こんな時はその仕事をやめて歩いてみます。

歩くと、見えている景色が変わりますから良い気分転換になります。同時に第二の心臓といわれる足の筋肉が動いて、血液の循環を活発にします。その結果、脳に新しい刺激と新鮮な血液が供給され、新しい発想も生まれやすくなります。

歩く場所はどこでも構いません。教室や職員室で仕事をしているならば、教室内を何周かぐるっと回ったり、教室から出て校舎内を一巡したりします。

天候がよければ校庭に出て歩くのも効果的です。

ただし、他の教員も教室で仕事をしていますから、くれぐれも邪魔にならないように注意して歩いてください。

◆……あとがき

何時になっても職員室の電気が消えない、という話をよく耳にします。学校によっては、夜の10時、11時になっても職員室の電気がついていることがあります。それもほとんど毎日です。

休日にも、必ず職員室に何人かの教員がいる学校も多いと聞きます。中には、朝から夕方まで8時間以上仕事をしている教員もいます。

理由は単純です。勤務時間内に業務が終了しないからです。

中学校ではまだまだ部活動の指導に当たっている教員が多いでしょう。部活動を終えて生徒が帰る時刻は、とっくに勤務終了時刻を過ぎています。小学校でも、高学年児童の下校指導を終えると、ほぼ勤務時間が終わります。

学級事務や校務分掌事務、教材研究や研究授業の準備などは、勤務時間終了後にやるか休日にやるかどちらかしかありません（しかも残業代も休日出勤手当も出ません。４％の調整額のみです）。

この状況を何とかしたいものです。何とかしなければ、教員の心身が持ちません。実際に休職をしている教員数は増えています。

制度が変わることは難しいのですから、あとは自助努力しかありません。効率よく時間を使い、効率よく事務仕事を遂行し、少しでも時間と心にゆとりを持ちたいものです。

多忙と多忙感は異なります。多忙であっても多忙感を感じない人もいます。時間配分や仕事のやり方などの見通しがつけば、多忙感はぐっと減るでしょう。多忙感が減って心にゆとりが生まれれば、新たなやりがいも見えてくるのではないでしょうか。

山中　伸之

著者紹介

山中伸之（やまなか　のぶゆき）

1958年生まれ。宇都宮大学教育学部卒。栃木県内の小中学校に勤務。研究分野：国語教育、道徳教育、学級経営、「語り」の教育等。実感道徳研究会会長、日本群読教育の会常任委員。

著書：『忙しい毎日が劇的に変わる　教師のすごいダンドリ術！』『できる教師の叱り方・ほめ方の極意』（学陽書房）『全時間の板書で見せる「私たちの道徳」』（学事出版）『「聴解力」を鍛える三段階指導―「聴く子」は必ず伸びる』（明治図書）等多数。

30分でわかる！
できる教師のすごい習慣

2015年12月 3 日　初版印刷
2015年12月10日　初版発行

著　者――――― 山中伸之《やまなかのぶゆき》

発行者――――― 佐久間重嘉

発行所――――― 学陽書房
〒102-0072　東京都千代田区飯田橋1-9-3
営業部――――― TEL 03-3261-1111／FAX 03-5211-3300
編集部――――― TEL 03-3261-1112
振替口座　00170-4-84240

装丁／スタジオダンク
本文デザイン・DTP 制作／株式会社 新後閑
印刷／図書印刷　製本／東京美術紙工

ISBN 978-4-313-65299-6　C0037